Alma September

Gedanken Trunk

für schnatz

Originalausgabe

1. Auflage 2011

Bibliografische Information der Deutschen Nationalbibliothek:
Die Deutsche Nationalbibliothek verzeichnet diese Publikation in der
Deutschen Nationalbibliografie; detaillierte bibliografische Daten sind
im Internet über http://dnb.d-nb.de abrufbar.
Umschlaggestaltung & Fotografie: Hatice Özcelik

© 2011

Herstellung und Verlag: Books on Demand GmbH, Norderstedt

ISBN: 9783844805932

...menschen verbringen zuviel zeit mit sich selbst, um zu erkennen, das es noch andere gibt.

...durch dich glauben zu wollen,
erhöht die gefahr
von enttäuschungen.

...deine geschichte beinhaltet nur eine rolle, nämlich die der deinen.

...ich erwarte nichts, denn ich habe nicht
viel mehr zu geben,
als ich es eh schon tue.

10

...die wehmut, ist wie der letzte tropfen

                        wein, in meinem glas,

   das mich benommen macht.

.....wenn ich meine unzufriedenheit überdenke, so möchte ich mir ungern eingestehen,
dass das was sich mein leben nennt, zufriedenstellend ist.

...ich warte,
   mit der sehnsucht
die mich ausmacht,
   auf deine rückkehr.

...voller hoffnung, dass das erlebte neu entfacht und gelebt wird, beginne ich die suche in mir fortzuführen. mich in dir wieder zu sehen, in dir zu leben.

14

...das leben verändert sich
und meine gedanken mit ihm.

...in gedanken einen glauben zu erschaffen,
mit dem geringsten widerstand an gefühlen und emotionen,

        ist manchmal der einfachste weg, um sich einen
raum zu geben,
entscheidungen zu treffen,
    ohne diese jemals in frage zu stellen.

...kaum werden die
       menschen
   in meinem umfeld selbstsicherer,
schon scheinen sie die
     vergangenheit
         zu vergessen und
           werden herablassender.

.....weil du nicht schweigend reden kannst, sprechen wir nicht miteinander,
sondern aneinander vorbei.

...ich habe nicht die auswahl gehabt, jemand anderer zu
sein,
als der der ich bin.

...liebe,

    ist das was sie ausmacht,

  egal wen oder was man begehrt,

              die leidenschaft steht immer an

erster stelle.

....im schall der geschwindigkeit.

berauscht.

durch die sicht meiner sinne.

lebendig.

der anblick deines körpers.

studierend.

die details die mich umgeben.

berechnend.

deine macht.

...die schnelllebigkeit schuldet niemandem was.

...in der macht meiner vergangenheit,
habe ich die zukunft nicht sehen wollen und die gegenwart bat
keinen kompromiss.

.....ich lebe in den tag hinein, was ich am abend mache, sieht niemand.

...es wird zeit, das wir uns auf der wiese der herzen treffen,
um nicht das miteinander neu zu beginnen,
sondern
das vergessen
willkommen zu heißen.

...einmaligkeit, ist kein weg zur selbsterkenntnis.

...menschenleere straßen

                    sind nur für eine sache gut,
man hat den raum
           atmen zu können.

...vollkommen sein im miteinander.

...in dem leben, was einst mir gehörte, suche ich im heute
einen kleinen platz,
für meine seele und vielleicht den hauch von aufmerksamkeit.

...nichts hat meine gedanken so getrübt,
wie die dunkelheit in der ich mich immer wieder fand.

...die unfähigkeit,
  unser leid
  an den tag zu legen,
  ist keine
  erziehungsangelegenheit,
  sondern
die unvorhandene gabe,
          menschlichkeit zu empfinden.

...in meiner welt sind die farben lebendig, die gefühle jedoch, halten einen dornröschenschlaf.

...weder das anflehen, noch die steine
die du mir aus dem weg geräumt hast,
haben mich zu dir geführt.

...das wissen um dich und die liebe zu dir, bringen mich dazu
da zu sein.

...ich bat um verständnis, erntete nur
verständnislosigkeit.

...ich gehe mit dir über die schwelle, wenn du bereit
bist,

ein wir zu sehen.

...das aufgeben ist

                           erwünscht,
die herausforderung besteht jedoch noch.

...ich lebe die enttäuschung,
weil ich sie nie überwunden habe.

...in gedanken habe ich mir oft ausgemalt wie es mit uns gewesen wäre,
am ende
sah ich kein licht.

...wir träumen unseren gemeinsamen traum
        mit
            anderen.

...wenn du mich erkennen willst, dann dreh dich um
und geh
           deinen weg.

...ich habe einen weg gefunden um die reinheit meiner seele zu wahren,

daher komm mir bitte nicht zu

nah.

...die suche nach einem leben, in der die liebe die hauptrolle spielt,
ist zu gewagt,
als das wir bereit wären, diesen schritt zu
wagen.

...meine verachtung für dich,
ist nicht erloschen,
sie ruht,
denn auch ich gönne mir eine pause.

..der letzte kuss zwischen uns war kein abschied,

sondern eine   erlösung.

...deine wiederkehr ist nicht erwünscht, dein platz ist weder
vergeben

noch verschenkt, nur betoniert.

ist die offenbarung deiner
lügen,

...die letzte träne,   die ich sehen durfte.

...die freiheit hast du mir genommen,
ich hatte nicht die gelegenheit mitzusprechen.

...wach auf, es gibt keine zukunft.
denn deine welt dreht sich mit einer anderen geschwindigkeit,
der ich nicht folgen kann.

...manchmal ist es nicht die traurigkeit, die uns belastet, sondern die unfähigkeit damit umzugehen.

...ich suche nach der sehnsucht , die du in mir entfacht hast,
seit dem moment, als deine berührungen nicht mehr zufällig waren.

...die einsamkeit
        zu ertragen,
      ist schwieriger,
als du und ich es je erahnen können.

...das letzte wort
wird keine entschuldigung sein,

eine vergebung käme eher in frage.

.....ich **habe** mich in allen **geirrt.**

…das reine herzt schenkt liebe und achtung, und unser einer
missgunst und neid,
eine mitte, undenkbar.

...in meiner sprachlosigkeit und mit der seele die ich besitze, empfinde ich die ungerechtigkeit.

...wir haben aufgehört, wir
zu sein,
in dem moment,
als wir die selbstverständlichkeit kennenlernten.

...auch ein gebrochenes herz,
hofft auf den letzten schlag.

...schwarzweiß gedanken sind wie die pest, die uns
umbringt,
nur ist dieser zustand, in einem jahrhundert nicht geblieben.

...materialismus ist eine besondere art von charakter bezeichnung.

...ich lebe und bin allein.

..traurig das menschen, ohne rückrad meinen,

                        wenn sie gegen den wind antreten,
          wissend zu sein.

...ich habe diese oberflächlichkeit von menschen, im grunde nie verstanden.

…auch steine

       können sich heimatlos fühlen,

    wenn sie ihre geborgenheit

        durch die hand eines menschen verlieren.

...gefunden
        wurde endlich der langersehte weg,
schritt um schritt.

...es tut weh dich glücklich zu sehen, da ich weiss,
das ich für dieses glück leiden musste.

...ich brauche niemanden,
um atmen zu können.

...hilf mir den weg zu dir zurückzufinden, ich habe mich verlaufen, ich habe angst.

...die fähigkeit
     unseren gefühlen
                ausdruck zu verleihen,
          bedeutet individualismus.

...ich habe nur ein leben

                zur

                    verfügung.